Juan Carlos Alvarez Rodríguez

Saga de Poesía de Amor Beso de Espuma III

Juan Carlos Alvarez Rodríguez

Saga de Poesía de Amor Beso de Espuma III

Fantasía Poética

JustFiction Edition

Imprint
Any brand names and product names mentioned in this book are subject to trademark, brand or patent protection and are trademarks or registered trademarks of their respective holders. The use of brand names, product names, common names, trade names, product descriptions etc. even without a particular marking in this work is in no way to be construed to mean that such names may be regarded as unrestricted in respect of trademark and brand protection legislation and could thus be used by anyone.

Cover image: www.ingimage.com

Publisher:
JustFiction! Edition
is a trademark of
Dodo Books Indian Ocean Ltd. and OmniScriptum S.R.L publishing group

120 High Road, East Finchley, London, N2 9ED, United Kingdom
Str. Armeneasca 28/1, office 1, Chisinau MD-2012, Republic of Moldova, Europe
Printed at: see last page
ISBN: 978-620-6-74245-6

Beso de Espuma III

// La poesía es toda palabra
que sale del corazón,
y se escribe con cierto sentido
filosófico y romántico,
utilizando recursos
literarios y lingüísticos. //

El Autor

BESO DE ESPUMA

Saga de poesía de Amor

Libro tercero

FANTASÍA POÉTICA

Juan Carlos Alvarez Rodríguez

TRILOGIA

18/10/23, 22:59 Imprimir información del registro about:blank 1/1

Información de la obra Título Saga de Poesía de Amor BESO DE ESPUMA III

Subtítulo: FANTASIA POETÍCA

Este primer libro de la saga de poesía de amor, tiene la sencilla intensión de penetrar en sus sentimientos, hacerle parte de mis emociones y ayudarle a profundizar en una verdadera comunicación familiar, romántica, social y personal. Quizás usted no se haya enamorado con mucha frecuencia, o tal vez se pregunte: Para qué? y Por qué? Eso es todo lo que debe saber respecto al objetivo de este material. Es por eso, que me di a la tarea de organizar una parte de mi vida romántica, a través de las cartas y poemas de amor que escribí durante la etapa de la adolescencia, que como anillo al dedo me sirvieron para conquistar a una mujer.

Tipo de obra Literaria: Otros

Etiquetas poesía de amor; prosa poética; rimas y leyendas;

Información de registro en Safe Creative

Identificador 2310185628219
Fecha de registro 18-oct-2023 22:59 UTC

Declaraciones de autoría y derechos inscritas

Autor. Titular Juan Carlos Álvarez Rodríguez. Fecha 18-oct-2023.

Información disponible en
https://www.safecreative.org/work/2310185628219-saga-de-poesia-de-amor-beso-deespum

Índice

Prefacio

Todo libro de amor contiene aquello que pasa por lo dulce, lo dulce nos da una visión de lo que el alma siente. El dolor sin embargo es un sentimiento tan oculto que el universo con una de sus lágrimas puede promover la pasión. Lo romántico va diciendo al oído de una mariposa que para conocer lo bello de la naturaleza, el hombre tiene que penetrar en el conocimiento del mundo. La poesía y todo verso de amor se acercan al corazón, y como una ciencia la literatura nos demuestra lo importante que es conocer un beso, una mirada, un pedacito de tierra.

En este tercer libro de la saga de poesía de amor, usted tropezará con detalles y esencias, con caminos y trayectorias, usted tendrá la oportunidad de desahogar la tristeza, de dormir sus ojos. La poesía varía pero sin alejarse del amor de pareja: penetra en el cielo, las estrellas y en el instinto de lo cotidiano. Una parte de mí se va con ella, se alejan mis manos, mi pensamiento vuela al infinito.

El objetivo de esta obra es poner en sus manos el universo de mis poemas, para que cuando alguien lo agreda o lo lastime usted pueda defenderse. La mujer entra como un punto en cada página, la flor como una canción. En unos versos muero de amor, en otros me hiero por el odio, unos pierden la rima y van a la idea central del cariño, de la ternura. Aquí está lo que pude escribir con baños diarios de hojas secas; interprete cada frase, cada palabra, cada terciopelo, cada melancolía...

He tratado de renunciar al diccionario y al estilo profesional, estoy en su lugar como una manzana. El Sol me ofreció la luz para escribir, la rosa me trajo el recuerdo, los amigos cerraron mis brazos. Predominan poemas opacos y carentes de anhelos, aún así lo conmoverán pues contienen un pasaje humano, una rama histórica, un sentimiento sincero. No se aflija, sea crítico, sensible; me refiero a la juventud de hoy: a una carta, a una señora que está conmigo en la esperanza, busque la ilusión, la fantasía...

El Autor

III
POEMAS DE AMOR

YO

Abrí en el mar un lugar para
amarte con fuerzas,
y caí al abismo por dolerme
de ti.

Dejé un verso en tu mano,
y un espacio en tu beso.

Caminé por el aire
corriéndote entre las
hojas.

Allí en el silencio me
sumergí,
sin saber a qué hora
apagará este fuego.

TU BELLEZA

No sé definir tu belleza,
tu belleza va en las flores
como las olas.

Es una razón para quien
te busca,
soy el navegante de
tu cuerpo.

Tu mensajero en el amor
y en el sociego:
Es un pedazo de lluvia
tu beso.

En los pétalos de una rosa
podré definir tu
belleza.

FUERA DE LO POSIBLE

La mañana,
el brillo de las olas en tu pelo,
el lunar que en la noche
se hace un árbol.

La montaña triste, y
tu pétalo encendido.

La tarde,
el canto de una sonrisa,
el viento que se incrusta en
las entrañas.

La noche,
el río que humedece
los recuerdos,
la luna en su tormenta.

La madrugada,
el tictac en la almohada,
y el amor:
aquel amor que jamás
nadie ha podido borrar.

CON EL BESO QUE ME DISTE

Comenzó a caer la lluvia
y pensaba en ti.

Despertó un beso
que probamos los dos.

Mientras llovía,
dejé caer mis lágrimas
en las gotas de lluvia
que se amontonaban
en mi pecho.

Me dije:

!Cuánto más lejos te
encuentras,
más hondo me llegan
tus besos!

!Y más dulce que el
amor,
es el tiempo que
pienso en ti!

MI FIESTA MI PEÑA

Tu cara es una fiesta,
una peña,
un latir del corazón en
el mar.

Tienes un río en tu lunar,
y un pez en las lágrimas.

Y qué decir de tu amor:
eres como un viento triste.

Tu cuerpo es una fiesta,
una peña,
una madrugada en el
silencio.

Tienes una estrella en la piel
y una nube en la mirada.

Y qué decir de tu voz:
eres mi roca llena de
canciones.

Tu cara es una fiesta,
una peña:
un libro para leer
y una flor hecha de miel.

Tu cuerpo es mi fiesta,
mi peña.

LA LUNA NUEVA

Nuestro amor pasó por
la lluvia:
llena de pequeños horizontes
todos convertidos
en cañadas...
Y se fue a una Luna
totalmente llena de infinitos
recuerdos...

Allí plantamos un umbral,
y un rosal de caricias y
corazones rotos:
todos los amantes de esta
Tierra nos buscaban con el
mismo beso...

Con pasión recordaré su
mirada:
los cráteres donde mi amada
y yo nos sumergimos
en inmenso sexo.

Brotaron todos los higos
y las lisonjas,
y una profunda pena por no
decirle a nadie lo mucho que
la extraño.

TÚ Y YO

Corre a mis manos y después a
mi puerta,
no te dejes llevar por la soledad,
ella solo me conoce a mí.

Mírame con un beso
y abrázame con una sonrisa.

Se apoderan de ti mis ojos,
quiero verte el alma yo te entrego
mi vida.

Vengo sin mi alma pero con la tuya.

Así es nuestro encuentro:
como la luz y la tierra.

Tú y yo amor quiénes somos?
Tú y yo, el mar cuando las gotas
caen de nuestros ojos.

DECLARACIÓN

... mis manos son tuyas para siempre ...

Puedes venir a mis manos,
mis manos que se abren
como un huerto en la tierra.

La tierra puedo tocarla,
y sumergirme en ella
siempre que puedo.

Te invito a ver el espacio
que hay dentro de mi alma,
también el dulce contraste
entre tu beso y el mío.

Mis manos no son las puertas
del mundo,
pero encierran un secreto:
se abren para ti...

TÚ ERES MI LUZ

Tu eres mi luz:
es un reflejo tu
presencia.

En tus manos estaba
el amor,
y ahora se ha ido.

No sé que hacer,
le abriste nuevas
heridas
a mi corazón.

Estoy muriendo
en un lugar
que solo tú
conoces.

Tu eres mi luz:
pero las estrellas
son mi universo.

PARA AMARLA

Voy quemando los labios
de esa mujer que amo,
hiriendo la hoguera de
su amor profundo.

Cuando no la tenga
que ver, miraré al cielo
para decirle a Dios
que yo la quiero.

Esa mujer me está
ofreciendo la vida,
se está agitando a llorar
con mi pañuelo de rosas,
su corazón como una
carta toca a mi puerta.

Los ríos ponen en su
corriente, las estrellas
para recordarla.

TOMA

,…, desde el corazón de un poeta ,…,

Toma mi mano,
mi patria,
mi abrigo para
hacerte el frío:

El fusil que enciendo
en la guerra,
los ramos de hojas y
de victorias:

El tormento de un niño;
el sudor de una mano
que explorando
se sienta a tu oído.

Un hombre enamorado,
que ha escrito poesía,
a dos divinas mejillas
que aún no ha podido
besar.

TE EXTRAÑO

Mis poros te extrañan.

Te extraño a ti
vida mía:
a tu cintura
y a tu cuerpo desnudo,
al agua que bebimos
juntos.

Te extraño y te recuerdo,
y siento tu boca sobre
mi pecho.

Extraño el momento
que me regala
el tiempo.

Te extraño
cuando a la mesa
compartimos el dolor;
sino te amara,
sino te viera.

En la puerta de mi alma
está tu nombre:
en cada libro,
en cada parte.

Al tomar el lápiz,
tu tinta de amor
pinta en mi corazón
tus labios.

ERES

Terciopelo eres,
ríos
y lugares.

Salmo de paredes,
cama de mi dormitorio
triste.

Eres la aurora
cuando te recuerdo.

Terciopelo eres,
mar
y lluvia.

En el mundo una
paloma,
en el universo una
galaxia.

ROMÁNTICO

Hablar de amor
es suplicar el fuego
que nos quema.

Es ir refugiado en las
ventanas del cariño.

Es entregar no más
que un beso
si un beso es necesario
para amar.

Es ver llover tantas
lágrimas
de cuantos corazones
existan.

Es una ventaja del alma
que el alma en su dolor
entrega.

Es mojar en lo frío
lo que ya se ha hecho
cenizas.

Es ir, gritar, llorar,
querer sin que nadie
ya quiera.

MI POESIA

1

Los versos se parecen
a nosotros
cuando abren sus
nueces.

Alguien los hace rimar
por esperanza
o por dolor.

No es más grande
el que canta
o pinta por nosotros,
que el que escribe
por amor.

2

Cómo ser invensible
para llegar a ti;

cómo ser luz para estar
siempre contigo;

cómo ser una ciudad
para entregarte
su belleza.

CORAZÓN

Te quiero mirando
mis ojos,
mordiendo mi boca,
respirando mi aire.

Así te quiero
y no quiero que me
quieras:

Tú sabes amar,
yo solo sé querer.

Cuando roces
tus manos sobre
mi pecho,
él dirá que te amo.

EN EL MEJOR POEMA

Prefiero pensar que estás
muerta para olvidar
que vives,
y así sufrir cada instante
por tu ausencia.

En los versos que mi
corazón sabe escribir,
se ocultan mis mejores
poemas...

Y en los que salen
vibrando una luz
florecen tus emociones...

Una lágrima quedará
purpurando en tu púpila
sin saber decir adiós.

DECIR ADIÓS

Cuando no estás
conmigo,
estás en mi corazón.

Mientras más lejos te
encuentras,
más hondo me llegan
tus besos.

Cuando camino,
y tú no estás,
una lágrima te recuerda.

Cuando te vas,
vienen los pájaros
a darme sufrimiento.

Más dulce que
el amor
es el tiempo que pienso
en ti.

COMO LA AMO Y COMO LA QUIERO

Tu amor me deprime y me calma,
parece que de tanto llorar
tu mejilla se confundió con los
cerezos.

Llevas en las manos el mundo,
que se desliza entre tus
pequeños dedos.

Quedo mudo y enfermo,
Igual que las golondrinas en
tus cabellos.

De amor estoy loco.
Increíble como te amo y
como te quiero.

Tengo el corazón herido
por tus labios de fuego,
que besan y se marchan
en silencio.

Voy a correr por el cielo a
buscarte,
abrir en el mar un lugar para
amarte con fuerza,
y caer al abismo para dolerme
de ti.

MI UNIVERSO

Los días son como los pájaros,
tus ojos la fragancia que respiro,
tus labios el arco iris que beso.

En tus ojos hay más estrellas
que en el cielo,
en tus labios mayor perfume
que en las rosas.

El cielo está en tu boca,
la tierra está en tu cuerpo,
el mar está en tus ojos;
pero el universo no está en ti,

QUIERO

Quiero que sea mi canto
tu guitarra,
y mi árbol tu flor.

Quiero que cuando
mueras vivas,
y cuando vivas
mueras de amor.

Quiero todo lo que se
mueva en ti;
más que eso te pido
alma mía:
que alcances aquel verso
donde murió la rima,
aquel horizonte donde
no hay atmósfera,

Y aquel te quiero donde
no estás...

PARA DARTE

Quien te ame de la manera
que yo te amo,
morirá de pura melancolía.

Pues en un batir del viento
la nostalgia que llevo
adentro,
sin darme cuenta me hará
olvidarme de ti.

Pero de balcón en balcón,
guardo para ti
el intenso amor que en
mi pecho ha quedado.

POEMA A MI AMADA

Amada,
pupila de la carne,
color de estrellas;
allí en la noche besaré
tus manos de
esmeraldas...

Eres mi árbol favorito,
mi guitarra,
mi canto de poesía,
y el mar lleno de ríos...

Lluvia que llega a
mis ojos
desde una tormenta;

Amiga mía por mil
amigos...

Criatura gigante llena
de montañas y sabanas...,
besame los cabellos
con tus labios de espuma,

Besame,
y cargate de esos besos
en el agua de mi sed...

LO NECESITO

A mi amada y fiel esposa Yuliet

Necesito rozar mi mano sobre
la almohada
para tocar tu mejilla rosada
en cada parte y cada sitio,
con tus labios durmiendo
en los míos.

Así te recuerdo, y
me conformo con la fragancia
de tus cabellos,
con aquel suspiro que escapó
de tus manos.
Me decías te quiero, mientras
tus manos reposaban
en mi pecho.

Por ese encuentro respiro
el perfume de tu piel,
que dejaste inmerso en
mi cama;

Alma mía, cada día que
pasa quisiera
penetrar en tu mirada,
donde estés.

Así te descubro, te anhelo:
Igual que el Sol a la Luna,
El Mar al río,
El Cielo a la Tierra.
Y mi corazón al tuyo.

POR SER TÚ

Cuando veas un beso
en tu beso,
será mi labio en tu labio.

Tus ojos contienen
la primavera, pero igual,
no hacen más que mirarme
cuando te busco.

Que no te vuelvan a querer
como te quiero,
que no te vuelvan a extrañar
como te extraño,
que no te vuelvan a llorar
como te lloro.

Eres la mujer que lleva en
su corazón mi alma;

Y algo más:
Las cartas de amor,
Los encuentros de madrugada,
Los recuerdos eternos,
Los romances efímeros, y
La gran Melancolía.

AMIGA MIA

Amiga tu alma está sumergida
en mi beso:
como en una ola
el mar,
como en una montaña
la tierra.

La atmósfera pasará
diciéndote al oído
mi tristeza.

Amiga mía:
una nube tocará tu rostro
si me amas;
un amor y otro se hundirán
en pasión
por nuestro encuentro.

Te adoro sin saber ni explicar,
pregúntale a tu corazón
las veces que yo te comtemplé
mirando a las rosas, y
sembrando en tu huerto
un jardín.

No me dejes solo,
ven, entrégate,
y luego abrazame como si fuera
la primera vez.
Mira a tu alrededor cómo
los pájaros reposan en
nuestro lecho.

Este es el amor...
es mi ansia de amarte,
es volver a sacudir las
praderas,
y las cañadas por tu regreso.

Amiga, no temas,
bésame y escríbeme un verso tuyo,
como aquel que leí una vez
acostado en tu cama.

Abre tus ojos y el mundo te
parecerá pequeño,
comparado con el gran amor
que te entrego para toda la vida.

Te amo...

SI NO TE AMARA QUÉ SERÍA DE MÍ

Ramas de melancolías

A Yuliet

Si no te amara qué sería de mí;
se morirían los pétalos de las rosas,
los nidos de las aves se llenarían de
rocíos;
y tú como una perla perderías
también el brillo.

Poco a poco se iría cerrando el mar,
y los ríos como las lágrimas
en los ojos,
se cubrirían de angustia.

Si no te amara,
si no te viera qué sería de mí;
donde habitaría mi alma
si ya los cielos no tienen estrellas,
ni los amores romances.

Se convertiría el amor en un simple
lucero,
la tristeza rondaría los corazones de
todas las lunas;
y tú vida mía oculta en mi sueño
no harías más que besarme en
silencio,
tan despacio y profundo que
ni las golondrinas más hermosas
podrían descubrir que te quiero.

Amor mío,
si una lágrima tuya dejara de amarme,
qué sería del mundo,
de los poetas que besan y
marchan,
de los recuerdos que ya no vuelven...
del amor,
de ese amor tuyo y mío...

Tus manos inmensas
no harían más que abrazar
mis manos,
y el universo completamente
se llenaría de melancolía....

EN

En el aroma de un río que pasa
cultivando cada suspiro.

En la noche desvelada y fría
tu amor yo respiro.

En las manos tristes que bajo
la lluvia escapan.

En un verso, solo en un verso
quiero verte, y volver a tenerte.

En una frase, en unos ojos que te
buscan, te idolatran, te recuerdan...

En un parque, en una calle,
en una cascada...

En un romance amor mío,
donde te encuentres
no te olvides de mí...

ADAGIO DE AMOR

Pasará una estrella por
tu mirada,
así pasará la distancia.

Será inmerso el pájaro
que en tu lecho
vea reposar.

Y los amores que
se entregan,
y nos miran llenos de
deseos:

Estoy lleno de ti...,
tú del alma mía...

PRESAGIO

1Todo lo que al corazón llega
Es un verso.
Es mi deseo escribirte
algunas palabras de amor:
detrás de tu mirada
se oculta un beso.

2 Perdóname por morirme
cuando te miro,
las estrellas hablan
de ti y de mí,
de nuestro abrigo.

3 Eres como las olas del
mar, te sueño,
con un abrazo tuyo
sería feliz.

4 Tu piel infinita con mi beso.

5 La poesía hiere como un tiro,
te inmiscuye, nos llama,
nos envuelve como un libro:
del corazón a los ojos,
de los ojos al olvido.

MI POEMA PARA TI

El sentimiento te reclama,
mi corazón marcó tu llegada,
así tu regreso:
en las hojas y en la dulce cañada,
en nuestro planeta de amor,
en tu alma llena de versos...

Miro tus ojos y una lluvia
de amor te recuerda...

Por las calles camino con
tu dolor,
abrígate a mí como la luna
que hoy me acompaña,
cada minuto, llena del alma
mía yo de la tuya...

Amor, ven, abrazame y déjame
acariciarte por todos los días
que no lo hice,
de insoportable soledad.
Dejame hablarte al oído aquel
poema que no pudiste escuchar.

Vida mía, sufro para que no sufras.

ROCIOS DE FELICIDAD

Es una ardiente melancolía
la que circula día a día en
mi cabeza,
pienso en ti, mundo mío,
margarita de inviernos y
cataratas...

Te veo y no te tengo;
cómo curar cada herida
que trae el viento...
Alguien a trabado el camino
a mi felicidad...

Las hojas de los abetos
caen en mi pecho,
llega la primavera,
solo me alimento
del otoño pasado,
y de una lluvia inmensa...

No sé qué hacer,
estas tardes tristes
los libros se han llenado
de rocíos y húmedos
recuerdos, que brotan
en mi alma pura...

No tengo más corazón,
que aquel que vive latiendo
en tu pecho...

CONSUMIÉNDOME DE AMOR

Si ves un beso, he sido yo que me
he esfumado en tu boca.

Para olvidarte es preciso
morirme de amor,
naufragar en tus brazos
llenos de rosas eternamente...

Contar los latidos del tiempo,
mientras un beso mío
se deshace en tu boca,
sin que llegue a
descubrirte el alma...

Me causa dolor la herida
que abriste un día,
y no ha vuelto a cerrar;

sabes tú vida mía, cómo borrar
de mi corazón aquel adiós...
Eres mi triste fin...

ROSA PARA TI

,..., Esta rosa posee un significado,
cuyos pétalos reflejan tu nombre ,...,

Rosa entrégate a ella,
cuídala y hazla feliz.
Te entrego mi alma para
su alma,
y tu perfume para su piel.
Fortalece su mirada,
para que mire mis ojos
con la luz de tu amor.
Con cada pétalo
muéstrale un sentimiento,
dile que aunque no lo crea
alguien la ama.
No te apartes de ella,
acaríciala por mí,
y entrégale mis besos.
Dile que la adoro,
desde que la vi pasar
contando las margaritas
del jardín.
Rosa, sabes que el lunar
en su rostro
me hizo enloquecer.
No dejes de quererla por mí,
ni de adorarla.
Florece en su patio,
para que veles su sueño.
Dile que no soy tan grande
ni tampoco tan pequeño,
que no soy príncipe ni dueño,
que tengo un corazón
y se lo entrego.
Dile que no se apresure a
quererme,
tu amor es quien manda,
ella lo va a entender...
Llenala de pasión,
de ríos y mares...
Dile que en cada lluvia
que pasa, y en cada racimo
de cielo, tú mi rosa,
estarás contando mis
lágrimas...

QUIÉN LO SABE

Prefiero morir mirando
tu rostro,
que vivir contemplando
en los astros tu hermosura.
Se desprende el firmamento,
si no me quieres como
yo te quiero,
una grieta se abre en el infinito
si tu cuerpo se olvida del
mío.

Pero destella una luz con color
a rosas, si mi dolor es tu dolor,
si el crepúsculo en tu ventana
te habla de aquel romance
que no volverá...
Los caminos se hacen más
grandes, cuando por ellos
llenas el alma mía...

Mujer, eres la página escrita
en un verso,
un clavel que se derrama
con la lluvia,
y mis ojos
de tanto mirarte se deshacen
en tus sueños...

Tu amor es mi locura;
mientras el mío no logra
alcanzarte:
Tus labios lo dicen,
pero el corazón lo calla.

ESTE CORAZÓN QUE TENGO

En el cielo encontré tu nombre,
tu mirada se perdió entre las hojas,
y múltiples cantos de mariposas
se unieron a nuestro concierto.

Allí te busqué y acaricié tu rostro,
parecías una semilla flotando
en mi cuerpo, te acaricié,
y volví a perderme en
tus caderas.

Más que una sonrisa,
la tristeza de tus ojos llevo.
Quedó abierta una puerta
en mi alma,
entra y vuelve a cerrarla,
No tengas miedo de quererme
como la primera vez.

La luna de estrellas doradas
asomó su rostro ,
para que tú besaras
este corazón que tengo.

QUISIERA

Quisiera ser la lluvia
para mojarte
los labios.

Quisiera ser el viento
para acariciarte
las mejillas.

Quisiera ser el tiempo
para vivirte
eternamente.

TÚ

De terciopelo eres,
de ríos y lugares.

Salmo de paredes,
cuerpo de mi labio,
cama de mi dormitorio
triste.

Tus piernas llegan
con la aurora.

En ti veo correr el tiempo
y el árbol.

Me muero cuando
estás lejos,
siempre te recuerdo.

De terciopelo eres,
de mar y de lluvia.

DÓNDE

El tiempo no pasa,
y me llegan unos recuerdos
con sabor a melancolía.

Mi mente llena de huecos
quiere ocupar los espacios,
que nadie ha ocupado.

Igual a ti es la mañana
cuando despierto.

¡Qué soledad tan fría
y que cielo tan oscuro,
no veo más que el
precipicio!

¡Dónde encontrar el alma,
y la mujer que muera
por un beso!

ELLA:
FANTASÍA POETICA

Me encuentro en un rincón
buscando las señales
para ser feliz.

Oigo gritos de mujeres
desnudas,
y amigos con licores
disfrutando en una
cantina.

Resuena un beso en mi oído,
es ella, se vuelve sobre mí:
una y otra vez me besa sin
yo quererla,
se acomoda entre mis brazos,
y me mira con los ojos llenos
de ternura.

Disimulo un único beso
en su mejilla,
ella saca unos versos largos
y los lee de prisa;
yo tiemblo de pasión,
y vuelvo a enloquecer
con el calor de sus piernas.

Desde mi profunda pena,
logro escribir con ella
tirada encima.

PINTARÉ EL AMOR

Habrá un corazón en la tierra,
y un largo día por el que pase
el enamorado.

Estaré allí acariciando el silencio,
más los broches de la ira
caerán.

Será como despertar de un sueño,
de una mirada, de un beso,
como una novela que no puede
terminar.

Me dirán que la he perdido,
que de todo lo vivido se olvidó.

Buscaré en los libros su recuerdo,
y en las flores que quedaron
en el tiempo.

Lloraré para poner fin,
este día será solo un retrato,
de aquellas mujeres que pasaron
por mi vida.

Pensaré en los árboles que me daban
sombra,
y en la soledad que me llevó a escribir.
Preguntaré por ella cuando lleguen
los que la quieren,
mi gran dolor irá en su mirada,
mi poema de amor en su hermosura.

Este día volverán hacia mí
los domingos tristes,
comenzaré a dibujar,
y dejaré que el amor llegue por ella.

IMAGEN

Algún recuerdo pasa por mi mente:
el pensamiento se deleita, y sublime
un beso cálido y penetrante.

La conmoción llega,
y una azucena se hace un lucero.

Mi alma como un haz de luz
atraviesa el corazón,
madrugan en mí la arboleda
y el insomnio.

Soy cause, hielo, sentido,
el río y el mar fugados
del abismo.

Mi pena se congela
caóticamente,
sin mirar la hora exacta
de la pasión.

Te anhelo tener siempre,
desde el fondo de la tierra
hasta lo más alto del cielo.

La luna brilla en mis ojos,
y su calor sofocante
deprime mi cuerpo.

Soy razón, llanto y ternura.

NUESTRA LUNA

La luna gritaba en el cielo,
celeste, crepuscular.

En una noche donde tus piernas
reposaban sobre las mías.

Misteriosa, piadosa como un rayo
en tu cuerpo.

Una lluvia incesante y
fragante, ramificada por un beso.

A esa distancia tú y yo
nos tocábamos.

Impulsiva y trágica llegaba la luna,
y me alimentaba para excitarte.

Lejana estaba su sombra,
que de vez en vez nos caía
en el rostro.

Y cerrábamos los ojos tristes…

!Cuando volverá a llenarse,
para que llene de amor
el alma mía!

RECORDANDOTE

Perdona al destino por amarte
siempre,
por recordarte aquel beso
que nos dimos en tu jardín,
Por tanta fragancia escondida
en la almohada,
y en el cálido perfume
de tu cuarto.

Jamás podré olvidarte,
si la casa está llena de ti.
En cada lugar que miro
veo tu semblante, tu presencia,
tu sonrisa se apoderó de mi
alma.

Las palomas que reposan en
el portal,
te buscan en la distancia;
pero no sé de ti:

¿a qué lugar te fuiste cielo mío,
que dejaste vacío el mundo?

TU CAÑADA

Se ha abierto una cañada en ti,
una cañada en tus manos.

Se ha arrojado el amor,
se ha abierto un suspiro.

He descubierto el monte
donde te encuentras.

Por fin vivo y sobrevivo;
cuánto me valdría besarte
en este mundo.

Estoy en un lago perdido
sin ti...

Eres lo que no me deja andar
en la aglomerada cañada.

Estoy perdido entre tus manos
heladas...
Te alabo y santifico,
para que Dios no lo haga.

Entré a tu vientre ardiente,
espumoso, resbaladizo:
En tu cañada,
y allí me quedé eternamente...

ESPERÁNDOTE

La sombra ha pasado,
se ha ido con un viento
lejano,
te espero con tu cara de
cerezas,
y tu cuerpo de uvas...

El recuerdo ya no cuenta
en tus labios
llenos de mis besos.

Aquí te esperaré,
con mi vida llena de la tuya,
oculto y loco,
sexual y eterno.

Dentro en las hojas de un libro
tu espalda, tus manos,
y tus pies redondos
hechos de amor.

SERÁ

Un beso temblará
en tu mano
cuando duermas.

Una nube tocará
tu rostro
acariciándote.

Tu alma y la mía,
como el tiempo
y la lluvia
así florecen.

Te amo;
para cultivar un abismo
en tu corazón de claveles,
será todo aquello

ME APODERO DE TI POESÍA

25/5/2023

Poesía, mi poesía:
Te pregunto:
¿Sin un beso ni una palabra
podría existir el amor?
Qué dices...

Voy a romper tus ojos de cristal
con mi alma de poeta...,
con mis versos...

Poesía, mi poesía:
Eres el espejo de mi rostro,
los caminos donde transito
cargado de hojas sueltas
para un libro.

Me apodero de ti poesía,
de todos tus costados
y estrofas;
tus paísajes y todas tus obras
hechas a mano.

Solo tú abres el corazón
de los hombres,
construyes ciudades enteras,
y luces tu encanto
Indispensable para los
pueblos.

Eres mi barrera, mi escudo,
mi fuerza, mi patria,
el amor de marineros.

Eres un cofre escondido
en las olas del mar,
un ramillete de espadas
sueltas para la libertad.
Todo eres tú:
Poesía, mi poesía.

Los que no te conocen
no pueden hablar de ti,

de tu encanto y tu belleza.
Ni alcanzar a los amores
con tu romance.

Quien venga a destruir
tu bandera, tu tierra,
tendrá que soportar la gesta
en una gran batalla:
y a un ejército de musas
Invensibles...

Me apodero de ti poesía,
de tu alma y tu elegancia,
tu hermosura y tu nobleza.

Poesía, mi poesía:
Tú, apoderate de mí...

A UNA MUJER

1ero de Abril 1992

Mujer feliz,
dueña del viento,
quién pudiera verte
sobre una alfombra de amor.

Eres tal como te conocí,
y cada día que pasa
eres tal como te siento.

Linda como el espejo
en la luz,
no hay nada más bello
que tu sonrisa
en mis sentimientos.

Pasan estos años…

Mujer parte de mi cuerpo,
Dios te mira desde mi alma.

SERÉ TUYO

Amada,
reúne tus fuerzas
para estrecharme tu
sinceridad.

Deposita en mi cariño
cuanto tienes en el alma,
y todo cuanto siento
en mi corazón
será para ti.

Amada,
bésame sin terminar,
para que no escape
de tus caricias,
y me tendrás
como a mis labios
cuando sientas sed.

Ámame sin dejar de hacerlo
y pensarlo,
solo así seré tuyo
y de nadie más.

POEMA PARA UNA MUJER

Divino amor,
río donde calmo mi sed.

Consagrado corazón,
reina de mi altar.

Amorosa,
serena;
gotas de fuego,
tasa de té.

Tierna como una flor,
perezosa como el mar.

Dramática y sonriente,
tierna y melancólica.

Eres mi motivo, y
mi piel hecha de canela...

VIDA MELANCOLICA

Quisiera llamarte
de alguna forma
que no sea:
Amor,
Cariño,
Tesoro.

Pero existes…

Si yo pudiera
decirte
como nadie podría
Imaginar:
Reina, mi reina,
Pétalo, mi pétalo,
Luz, mi luz...

Como desconoce
todo el mundo,
así te debería
llamar:

...Vida melancólica...

ORIGINAL

Estas lágrimas saldrán
así:
ni para ti ni para mí.

Recorrerán una
montaña,
donde las grietas
yacen vacías.

Inmersos en el olvido
tú y yo,
y llenos de frío,
muriendo:
dos barcos en un mismo
mar,
pero en diferente puerto...

La angustia nos
cubrirá los ojos,
y herido el corazón,
volveremos a querernos.

SEMBLANTE NOCHE

Hoy mi beso
tocará tu alma,
es una noche triste.

Hay luna, hay estrella
pero tú no estás.

Brillan por ti los astros,
está navegando
en el incesante fuego
de tus caricias.

Apagan y encienden
nuevamente las estrellas,
está vacía la tierra,
pero te lleno de primaveras
con mi beso.

Estás llorando,
tus lágrimas
caen en cascada .

Es una noche triste,
pero nos amamos…

Tus manos me llenan
de caricias,
me enloquecen.

Te anhelo en esta
semblante noche.

PERDIDA

Viéndote así
desde el crepúsculo:
el odio y la rabia.

Viéndote, y al mirarte
veo que estás vacía:
sin amor y sin amar
remolcas el viento,
el suspiro.

Pero nadie te escucha,
soy culpable de tu
dolor.

Llora, únicamente así
tus lágrimas
llegarán al cielo.

INCERTIDUMBRE

Estoy llorando por un beso:
hierático en desamor y frío.
Ese beso se va, se aleja
y luego regresa buscando
otro beso...

Los álamos persiguen mi
nostalgia,
y la luna mi suspiro.
Es grande el camino de una
estrella,
pero el de tu amor
no tiene límites...

En una epopeya está
tu nombre y el mío;
mientras una pregunta
llega sin respuesta,
tu cuerpo se pierde
en el infinito.

Mi vida se colma en una
estela de leyendas;
pero la tuya en la rama
de un libro..

Tú cañada, yo trigo...

BÚSCAME

Búscame:
en la cima del cielo,
debajo de la tierra.

Allí donde
puedas hallarme,
y tus pasos no puedan
resistirse.

Cuando salgas a
encontrarme:
en las hojas de un libro
está mi nombre,
estoy atado
a eso que se llama
presagio.

Recuérdame,
cuando vagues de
mi alma
al sentimiento.

Búscame y no te
arrepientas,
toma mi retrato,
y cuando veas una luna
encontrarás mi rostro.

Remueve,
y quizás salga una nota,
llevo dibujada tu mirada:
donde te escribí una carta
está tu olvido.

ROSARIOS

No estoy llorando
como las aguas del
alba.

Ni estoy quemando
dentro del fuego.

No estoy mirando
estoy ciego,
perplejo de pasión
y elegía.

Inerme de puro dolor:
en una doble rima
azoran mis ojos.

No soy más
que sabanas frías
pasado un invierno.

En el otoño estoy
cavando una muralla,
para mis manos
que aun se sostienen.

De la luna y del cielo
se alimenta mi vida.

Jamás volverán los
rosarios a los versos
del alma mía.

RUMORES

Las flores cavan los
suspiros,
las rosas las emociones:
Una y otra penetran
el alma que se encuentra
triste.

Mi esperanza
se refugia en la sombra;
y un beso de espuma
se queda en el aire
sin encontrar un sitio seguro,
todos lo amantes se llenan
del mismo consuelo...

El deseo de recordarte
abarca todas las atmósferas,
y el recuerdo llega a las
manos del olvido
por la misma trayectoria
que la sombra del pasado...

Te extraño mujer, amiga,
la única puerta que estaba
abierta,
la has cerrado tú.

Tu pelo se llenará de estrellas,
pero tus ojos se llenarán de
placeres...

Por quererme tú serás libre,
por amarte yo estaré preso.

IDOLATRIA

Pasarán las estrellas
por nuestros ojos,
la distancia por nuestra
alma.

Será inmenso el beso
que tu labio en mi labio
pueda disfrutar.

En un instante el aire
con un sonido,
el amor viene y va,
parece todo tan distinto,
que tú y yo
parecemos dos frutos
perdidos en la misma
tierra, en el mismo
campo.

Tú cañada,
bañada de mi alma,
yo huerto,
bañado de tu encanto:
Que Idolatría.

UNA NOCHE PARA MÍ

Pasé la noche mirando al cielo,
Dios contemplaba mis lágrimas.

El olor de una rosa que frente
a mi estaba,
se apoyó sobre una piedra,
que reflejaba el perfume
de un jazmín...

El sitio parecía vacío,
y en ese instante comprendí
que la amaba.

Por el rocío de mis manos
tendidas en la hierba.

Lloré con el recuerdo sagrado,
apretando mis manos
sobre la tierra.

Sentí el amor que me venía
encima,
cubriéndome infinitamente,
pero ella no apareció.

TODO SERÁS

De mí estás hecha mujer...

Amor de jazmín solo
para mí,
ángel de mi alma.

Dulce que guardo entre
mis dientes,
dolor que florece en
mi pecho.

Mar, frío y calor,
tormenta y fragancia.
Rosa herida por un beso,
viento y aliento.

Suspiro, distancia y locura,
ira y fulgor.
Llanura que estremece
cuando la lluvia comieza.

Punto de la tristeza,
tierra sin mar,
margarita sin estrella.

Espacio del tiempo,
eterna aroma,
mi lucero y mi flor.

Rosa de primavera.

Quemadura de mis huesos,
ojos que miran cruzando
en silencio.

Eres la rama de un árbol
sobre el tronco,
el invierno ardiente.

No sabría definir que más:
!de mí estás hecha!

ALMA Y DOLOR

Estas manos que toco
no podré acariciarlas
mañana.

Estos labios que respiro
no podré besarlos sin ti.

Los versos que siento
ya no podré escribirlos.

Qué harías por mí?

Dejarías de hacer obra
y fantasía,
navegarías en la sombra
del pasado.

Nos quisimos en el suspiro…

Mis cejas golpean los
párpados,
y de repente los pétalos
abren las rosas.

Alma y dolor:
es el amor que tú y yo
inventamos.

CASI NADA

Una mujer con
una flor,
es una estrella
con una luna.

En el otoño,
la flor
te hace sentir
un buen consuelo.

En la primavera
la estrella
te hace sentir
el latido de un
            beso.

SE LOGRA AMAR

Volveré a soñar con la
poesía...

Donde haya amor
existirán tus ojos,
y el breve curso de una
sonrisa.

El dolor en símil hoguera,
existirán tus besos
y un refrán cargado de
palabras tristes.

Tu desván y tu silencio,
una poesía para dos,
para ti y para mí:
Para quienes saben
lo que es la soledad.

Tengo las manos cubiertas
de tu cuerpo;
este amor lo logramos
inventar.
No se llama pasión,
es otra palabra que llora
adentro,
en lo hondo del pecho.

Se logra querer
cuando se habla de rosas,
y se logra amar
cuando se entrega después
de una mirada
un beso.

MIS BRAZOS AL VIENTO

Observándote
apresuradamente mujer,
adelanto mis brazos al viento,
y en cada giro de mi cuerpo
en tu cuerpo
veo tu cara llena de fiesta.

Vive para mí, muere por mí,
deja que mis besos
te alcancen,
y una caricia que dando
vueltas en el aire
se quede impregnada
para siempre en tu cabello...

Comprende mis manos
vacías, sin límites,
que se extienden
muy lejos dentro de ti...

Eres el mágico enigma
de una frase en mi
corazón.

SIETE COLORES TIENE EL ALMA

Beso de Espuma

El alma llora de repente
en el espejo,
transparente como la luz
de tus ojos.

Se oculta en él mi fragancia,
y tus grandes sentimientos
se reflejan mutuamente
una y otra vez...

!Podría un nido de razones
galopar más allá de la
simple confesión de un
abrazo tierno, y
a voluntad del cielo!

Caricias tuyas,
caricias mías,
siete veces se repiten
en el mismo
beso de espuma...

RECORDÁNDOLA

Tengo que mirarte así en el espejo
como un recuerdo

Escuché sonar una guitarra,
y la noche estrellada
junto a ella.

Era como si las notas
de aquella melodía
se fueran perdiendo
en mi oído,
la recordaba más cada
minuto, y mi pensamiento
se llenaba de tristeza...

La música agrandaba
su inmenso sonido,
y como un verso
las letras de aquella
canción llenaron
mi alma de fuego.

Cómo reponerme de un
amor que duele, sufro
igual que una golondrina
encerrada en un concierto.

No pensé enamorarme
con las heridas que hay
en mi corazón;
el vacío de mi pecho
ruega por ella.

Recuerdo alcanzar su cariño
y su mirada llena de rosas...
/la voz que la acompaña
me habla de ella/

Pienso en mi amada
y no tengo sus besos,
yo la anhelo
y me quedo el día y la noche
recordándola con la música
de aquella guitarra.

ASÍ MISMO

Tomo el lápiz y miro al espejo.

Te busco en lo más profundo
como un loco que ha perdido
el juicio,
y recorre las distancias
sin saber a donde irá.

Sobre mis manos se abre la
sombra,
hago estructura la imagen...

Consuelo las plantas cercanas
a mi frente,
sigo mirándome eternamente
en lo más intenso.

Dentro de un torbellino que
son mis ojos,
eres el punto donde la
luz reposa.

En la pared sobre un paisaje
no veo más que tú belleza,
sale una frase, una voz...

Voy tomando acción
para no quedarme sin
la espuma de tus besos...

SE TE VAN

Se te muere el verso
cuando amas la tierra.

Se te caen los labios
cuando besas el cielo.

Se te funde el mar
cuando hay lago en
tus ojos.

Se te oculta feliz
cuando sufres en dentro.

Se te van las manos
como palomas
creciendo
como agujeros.

Se te van del cuerpo
los dulces pesares.

Se te van,
se te van perdiendo
aquellos secretos
que en tu alma
mundearon.

ÉL DIRÁ QUE TE AMO

Te quiero mirando
mis ojos,
mordiendo mi boca,
respirando mi aire.

Así te quiero, y
no quiero
que me quieras...

Tú que aprendiste amar,
enséñame a querer:
Las montañas y
los campos...
El cielo y la tierra...

Cuando diga te quiero
y roce tu mano sobre
la mía,
mi corazón dirá que
te amo.

PARA DARTE

El viento pasa para
aliviarnos el alma,
nuestra alma que es el filo
de un puñal.

La tentación crece a la luz
del invierno, y
una palabra hace un terciopelo
en tus ojos de mariposa.

Si el diccionario fuera igual
a las palabras
que salen de tu boca,
no cesarías de morderte
los labios.

Dentro de la montaña de mi
pecho;
quién eres tú para decirle
a la sombra que se esfume.

¿Cómo puedes vivir sin
presenciarme,
dentro del volcán que hay en
tus senos?

Vida mía, alma de mi alma:
/si tu amor ha de marcharse,
por qué aún no te has ido
de mí/

NO VUELVAS A QUERER

No vuelvas a querer,
pasarás por el dolor,
siempre que quieras,
siempre que ames.

Tu misma amas la flor,
amas la estrella.
yo amo las lágrimas
que brotan de tus ojos.

No quiero morir,
tú tampoco mueras...
Quiero que sea de adentro
este corazón tan fuerte,
tan digno.

Para cuando te ocultes
en mi tristeza,
sientas el amor aquel,
que pasó por tu mejilla
besándote.

ESTE AMOR MIO SERÁ SOLO TUYO

Así como el aire
se pierde en la atmósfera,
tu aroma se pierde en mi
cuerpo...

Cuando tu alma se confunda
con las flores,
los pequeños sonidos
de las golondrinas,
me dirán el gran amor que
sientes...

Soy una carta que
se ha perdido en el camino...

Una tierra que muere
en tu beso,
un pintor que dibuja
sin pincel,
un poeta que escribe
sin ti.

EL AFECTO QUE TE TENGO

Hay una parte
    de ti
que se va
    conmigo.

Tus labios caen
    en
  mi beso,
y me muero
  por besarte.

Estoy muriendo
en esta muerte
    de
      felicidad.

DE MI AMADA YULIET

EL AMOR EN LA DISTANCIA PARA MI AMADO

I

Una caricia mía se transporta
en la tuya,
nuestro cuerpo y nuestra mente
viajan al unísono.

!Quién dice que las ondas del universo
no son cómplices de nuestra pasión!

Y es así como nos amamos mi vida,
mediante el sonido de nuestras voces:
De nuestro gemido interior cuando
nos amamos...

Hemos probado el extasis de un amor
que traspasa fronteras...

!Sí mi amado, nuestro amor crece
en la distancia.!

Te amo...

II

Quiero convertirme en un átomo
del universo:
ese universo tuyo y mío...

Viajar a tus brazos,
y sorprenderte con un beso.

Un beso que nos funda
para siempre...

Te amo...

Apéndice

Me despido
con un abrazo
a
mi
padre y amigo:

Pablo Neruda.

Quien me enseñó
a
escribir
estos versos
del Alma.

Printed by Books on Demand GmbH, Norderstedt / Germany